Ce carnet appartient

> à .... <

Ce carnet est l'indispensable pour tout éducateur, que tu sois moniteur ou spécialisé, parfait ou imparfaitement super, tu y trouveras ton compte.

Tout est fait pour te permettre d'extérioriser, te défouler, te détendre, te concentrer, te divertir, bref, d'être pro actif, n'est ce pas la première qualité du parfait éduc' ?!

- Retrouve des défis hebdomadaires pour surprendre tes collègues, prendre soin de toi, apporter de la bonne humeur au travail et passer le temps (parce qu'on sait bien que tu tournes bien plus ta cuillère dans le café que tu ne grattes le papier pour faire tes rapports ...)

- Prends des notes en réunion tout en ayant la possibilité d'en apprendre plus sur ce que ferait le parfait éduc' afin que tu puisses faire évoluer ta pratique. Ou pas...

- Garde en tête que tes nerfs vont être mis à rude épreuve, parce qu'être le parfait éduc' n'est pas chose facile. Arme toi d'un crayon et défoule toi. Canalise toi en participant à des jeux hautement intellectuels, grandement logiques, assurément amusants. L'art thérapie est l'activité phare du parfait éduc', alors donne tout !

Bref, Sois le parfait éduc' que tu adores détester.
Si, si, tu peux le faire !

PARTICIPE AU
CONCOURS
DÉFI PHOTO

Ce carnet contient 76 défis !
A toi de relever le plus de défis possible et d'en poster la preuve sur les réseaux sociaux (Instagram pour les jeunes' et Facebook pour... les autres) avec le
#defideduc

Deux grands gagnants seront désignés :
- La preuve la plus créative
- Le plus grand nombre de défis effectués

Ils gagneront la panoplie complète et le diplôme du parfait éduc' à son nom qu'il pourra rajouter à son CV !

Seras tu parfaitement fou pour réaliser et immortaliser tous les défis ?

#defideduc

Groupe Plume d'éduc'

plume_d_educ

Semaine 1

LE PARFAIT ÉDUC'
sait et aime
RELEVER DES DÉFIS

Lundi
Dis bonjour à tous tes collègues en chantant "le lundi au soleil"

Mardi
Place le mot "ornithorynque" en réunion d'équipe

Mercredi
Joue à la barbichette avec une personne accueillie

Jeudi
Fais 20 abdos et 5 pompes dans le bureau des éducateurs

Vendredi
Ecris toute la journée avec un stylo rouge

Samedi
Fais cinq tours de rond point avec une personne en accompagnement

Note une pensée positive et motivante pour la semaine à venir

To do List

Le parfait éduc' !
Planifie sa semaine
FAIS AU MOINS SEMBLANT, ON SAIT QUE TU N'AS QUE ÇA À FAIRE

Lundi :
- [ ] ------------------------------
- [ ] ------------------------------
- [ ] ------------------------------
- [ ] ------------------------------
- [ ] ------------------------------

Mardi :
- [ ] ------------------------------
- [ ] ------------------------------
- [ ] ------------------------------
- [ ] ------------------------------
- [ ] ------------------------------

Mercredi :
- [ ] ------------------------------
- [ ] ------------------------------
- [ ] ------------------------------
- [ ] ------------------------------
- [ ] ------------------------------

Jeudi :
- [ ] ------------------------------
- [ ] ------------------------------
- [ ] ------------------------------
- [ ] ------------------------------
- [ ] ------------------------------

Vendredi :
- [ ] ------------------------------
- [ ] ------------------------------
- [ ] ------------------------------
- [ ] ------------------------------
- [ ] ------------------------------

Samedi :
- [ ] ------------------------------
- [ ] ------------------------------
- [ ] ------------------------------
- [ ] ------------------------------
- [ ] ------------------------------

Dimanche :
- [ ] ------------------------------
- [ ] ------------------------------
- [ ] ------------------------------
- [ ] ------------------------------
- [ ] ------------------------------

BILAN

Heures supplémentaires

−   +

LE PARFAIT ÉDUC'
Prend des notes
en réunion
En résistant à la tentation de gribouiller

LE PARFAIT ÉDUC' A L'ESPRIT D'ÉQUIPE
ALLEZ BALANCE TON COLLÈGUE RELOU

Parfait éduc' ne toucherait pas à ce dessin ...

Le parfait éduc' sait jouer à ce jeu sans avoir les régles, ni la solution

				2	2																			
	8	7		6	9	4	7	8	5	2	6													
	4	7	6	10	13	22	18	14	8	6	17	25	24	24	22	20	14	7	6	5	4	4	7	4
8	2	1	9	2	3	5	6	7	9	11	12	11	9	8	6	6	8	5	6	6	8	14	11	7

				4
				6
				7
				6
				7
				7
				6
				6
			2	6
			5	7
		1	4	7
			4	7
			3	7
			3	7
		2	3	7
	4	2	7	5
		6	1	15
			6	15
		8	7	7
	8	7	3	2
3	5	7	2	1
2	4	7	1	1
	2	4	5	2
	2	5	4	1
	1	4	2	2
	1	4	1	6
			4	10
			5	12
			5	12
			5	13
			11	5
		5	5	5
		5	5	4
			10	4
		5	5	3
		5	4	3
		5	5	3
		5	4	3
		5	5	2
		5	4	2
		4	5	1
			3	4
			2	4
			1	4
			2	3

> *Le parfait éduc'!*
> **Sait être optimiste en toutes circonstances**
> ET EN PLUS IL SAIT PARLER ANGLAIS

I AM HERE ONLY FOR THE MONEY

Semaine 2

LE PARFAIT ÉDUC'
sait et aime
RELEVER DES DÉFIS

Lundi
Fais un dessin à un collègue

Mardi
Place le mot "s'emberlucoquer" en réunion d'équipe

Mercredi
Joue à trois petits chats avec un collègue

Jeudi
Vide les pots à stylos de tous les bureaux par terre

Vendredi
Fais 10 fentes et 10 squats avec ou devant une personne accueillie

Samedi
Fais cinq tours de rond point avec une personne en accompagnement

Note ici ton plus beau souvenir de la semaine

To do List

Le parfait éduc' !
Planifie
sa semaine
FAIS AU MOINS SEMBLANT, ON SAIT QUE TU N'AS QUE ÇA À FAIRE

Lundi :
- ☐ ------------------------------
- ☐ ------------------------------
- ☐ ------------------------------
- ☐ ------------------------------
- ☐ ------------------------------

Mardi :
- ☐ ------------------------------
- ☐ ------------------------------
- ☐ ------------------------------
- ☐ ------------------------------
- ☐ ------------------------------

Mercredi :
- ☐ ------------------------------
- ☐ ------------------------------
- ☐ ------------------------------
- ☐ ------------------------------
- ☐ ------------------------------

Jeudi :
- ☐ ------------------------------
- ☐ ------------------------------
- ☐ ------------------------------
- ☐ ------------------------------
- ☐ ------------------------------

Vendredi :
- ☐ ------------------------------
- ☐ ------------------------------
- ☐ ------------------------------
- ☐ ------------------------------
- ☐ ------------------------------

Samedi :
- ☐ ------------------------------
- ☐ ------------------------------
- ☐ ------------------------------
- ☐ ------------------------------
- ☐ ------------------------------

Dimanche :
- ☐ ------------------------------
- ☐ ------------------------------
- ☐ ------------------------------
- ☐ ------------------------------
- ☐ ------------------------------

BILAN

Heures supplémentaires

☹ 😐 😑 🙂 😀

−   +

LE PARFAIT ÉDUC'
Prend des notes en réunion
En résistant même à la tentation de gribouiller

LE PARFAIT ÉDUC' A DE L'EMPATHIE

SAUF QUAND ....

Parfait éduc' ne toucherait pas à ce dessin ...

LE PARFAIT ÉDUC'

Finirait ce labyrinthe en moins de 5 minutes

PARCE-QUE OEIL DE LYNX, LOGIQUE IMPARABLE, ÂME D'ENFANT ET CHANCE INOUÏE SONT SES QUALIFICATIFS

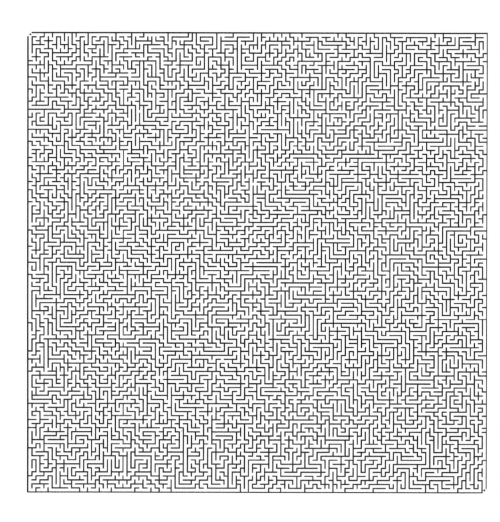

Semaine 3

LE PARFAIT ÉDUC'
sait et aime
RELEVER DES DÉFIS

Lundi
Lis un poème à un collègue pour lui exprimer tes émotions

Mardi
Place le mot "débagouler" en réunion d'équipe

Mercredi
Joue à la marelle sur un pied avec une personne accueillie

Jeudi
Échange le sucre et le sel lors du repas

Vendredi
Tourne sur toi cinq fois avant d'aller voir ton chef de service pour lui dire bonjour

Samedi
Fais cinq tours de rond point avec une personne en accompagnement

Qu'est ce que tu espères pour la semaine prochaine

To do List

Le parfait éduc' !
Planifie sa semaine
FAIS AU MOINS SEMBLANT, ON SAIT QUE TU N'AS QUE ÇA À FAIRE

Lundi :
- ☐ _____
- ☐ _____
- ☐ _____
- ☐ _____
- ☐ _____

Mardi :
- ☐ _____
- ☐ _____
- ☐ _____
- ☐ _____
- ☐ _____

Mercredi :
- ☐ _____
- ☐ _____
- ☐ _____
- ☐ _____
- ☐ _____

Jeudi :
- ☐ _____
- ☐ _____
- ☐ _____
- ☐ _____
- ☐ _____

Vendredi :
- ☐ _____
- ☐ _____
- ☐ _____
- ☐ _____
- ☐ _____

Samedi :
- ☐ _____
- ☐ _____
- ☐ _____
- ☐ _____
- ☐ _____

Dimanche :
- ☐ _____
- ☐ _____
- ☐ _____
- ☐ _____
- ☐ _____

BILAN

Heures supplémentaires

LE PARFAIT ÉDUC'
Prend des notes
en réunion
En résistant à la tentation de gribouiller

> **LE PARFAIT ÉDUC' N'EST JAMAIS EN ARRÊT MALADIE**
> ALLEZ, BALANCE, COMBIEN DANS TON ÉQUIPE SONT EN ARRÊTS EN CE MOMENT ?
> ....

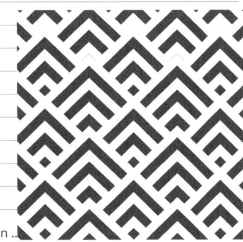

Parfait éduc' ne toucherait pas à ce dessin ..

LE JEU

Identifie tous les sports que tu vois ci dessous. Sois fort, on ne demande pas que tu les pratiques, seulement que tu les devines.

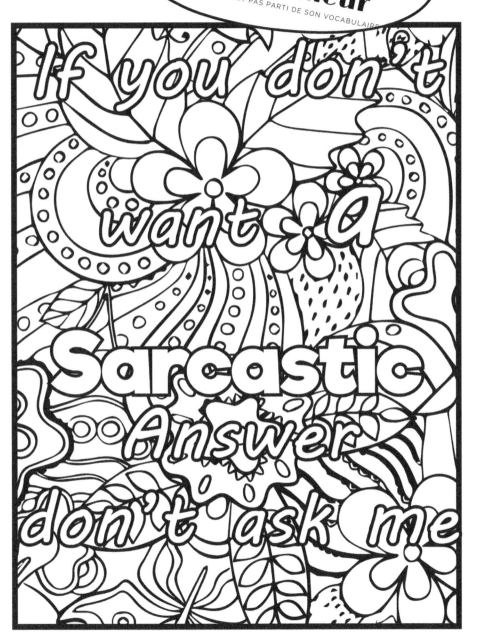

Semaine 4

LE PARFAIT ÉDUC'
sait et aime
RELEVER DES DÉFIS

Lundi
Chante "le petit bonhomme en mousse" cinq fois dans la journée

Mardi
Aujourd'hui, ne pas employer le mot "colère"

Mercredi
Joue à cache-cache avec un collègue

Jeudi
Allonge toi pendant deux minutes dans le bureau des éducs

Vendredi
Fais 10 abdos et 10 squats

Samedi
Fais cinq tours de rond point avec une personne en accompagnement

Que retiens tu de cette semaine passée ?

To do List

Le parfait éduc' !
Planifie sa semaine
FAIS AU MOINS SEMBLANT, ON SAIT QUE TU N'AS QUE ÇA À FAIRE

Lundi :
- ☐ ------------------------------
- ☐ ------------------------------
- ☐ ------------------------------
- ☐ ------------------------------
- ☐ ------------------------------

Mardi :
- ☐ ------------------------------
- ☐ ------------------------------
- ☐ ------------------------------
- ☐ ------------------------------
- ☐ ------------------------------

Mercredi :
- ☐ ------------------------------
- ☐ ------------------------------
- ☐ ------------------------------
- ☐ ------------------------------
- ☐ ------------------------------

Jeudi :
- ☐ ------------------------------
- ☐ ------------------------------
- ☐ ------------------------------
- ☐ ------------------------------
- ☐ ------------------------------

Vendredi :
- ☐ ------------------------------
- ☐ ------------------------------
- ☐ ------------------------------
- ☐ ------------------------------
- ☐ ------------------------------

Samedi :
- ☐ ------------------------------
- ☐ ------------------------------
- ☐ ------------------------------
- ☐ ------------------------------
- ☐ ------------------------------

Dimanche :
- ☐ ------------------------------
- ☐ ------------------------------
- ☐ ------------------------------
- ☐ ------------------------------
- ☐ ------------------------------

BILAN

Heures supplémentaires

LE PARFAIT ÉDUC'
Prend des notes en réunion
Il sait résister à la tentation de gribouiller

> **LE PARFAIT ÉDUC'**
> **RÊVE D'ÉLEVER DES BIQUETTES EN VAN**
> ALLEZ, DIS NOUS, C'EST QUOI TON PLAN B PRÉVU APRÈS TON BURN OUT ?

Parfait éduc' ne toucherait pas à ce dessin ...

Le parfait éduc connaît

LE POUVOIR DE L'ACRONYME

Consignes : Trouve la vraie significations et en invente une autre (libre cours à ton imagination)

CAMSP
....

MECS
....

SESSAD
....

DRJSCS
....

JAF
....

PAP
....

CHRS
....

ITEP
....

AEMO
....

TS vs TS
....

Semaine 5

LE PARFAIT ÉDUC'
sait et aime
RELEVER DES DÉFIS

Lundi
Danse avec un collègue sur une chanson de dessin animé

Mardi
Place le mot "irréfragable" en réunion d'équipe

Mercredi
Joue aux billes ou aux pogs avec un collègue, le perdant fait le café toute la semaine

Jeudi
Fais un cadeau surprise à un collègue

Vendredi
Fais trois fois le tour du bureau à pied joint et ensuite à cloche pied

Samedi
Fais cinq tours de rond point avec une personne en accompagnement

Qu'as tu appris cette semaine ?

To do List

Le parfait éduc' !
Planifie sa semaine
FAIS AU MOINS SEMBLANT, ON SAIT QUE TU N'AS QUE ÇA À FAIRE

Lundi :
- [ ] ------------------------------
- [ ] ------------------------------
- [ ] ------------------------------
- [ ] ------------------------------
- [ ] ------------------------------

Mardi :
- [ ] ------------------------------
- [ ] ------------------------------
- [ ] ------------------------------
- [ ] ------------------------------
- [ ] ------------------------------

Mercredi :
- [ ] ------------------------------
- [ ] ------------------------------
- [ ] ------------------------------
- [ ] ------------------------------
- [ ] ------------------------------

Jeudi :
- [ ] ------------------------------
- [ ] ------------------------------
- [ ] ------------------------------
- [ ] ------------------------------
- [ ] ------------------------------

Vendredi :
- [ ] ------------------------------
- [ ] ------------------------------
- [ ] ------------------------------
- [ ] ------------------------------
- [ ] ------------------------------

Samedi :
- [ ] ------------------------------
- [ ] ------------------------------
- [ ] ------------------------------
- [ ] ------------------------------
- [ ] ------------------------------

Dimanche :
- [ ] ------------------------------
- [ ] ------------------------------
- [ ] ------------------------------
- [ ] ------------------------------
- [ ] ------------------------------

BILAN

Heures supplémentaires

LE PARFAIT ÉDUC'
Prend des notes
en réunion
En résistant à la tentation de gribouiller

> **LE PARFAIT ÉDUC'**
> **NE SERA JAMAIS CONFRONTÉ À LA VIOLENCE INSTITUTIONNELLE**
> QU'EST CE QUI TE FAIT VIOLENCE AU QUOTIDIEN ?

Parfait éduc' ne toucherait pas à ce dessin ...

LE PARFAIT EDUC'

Dans toutes les équipes se dégagent des compétences, des profils, des personnalités. Jouons à qui est qui. Nomme un collègue, présent ou passé, qui correspond au profil indiqué.

Qui est qui ?

IL EST UN TOUT, SE SUFFIT À LUI MÊME, CONNAÎT TOUT SUR TOUT, IL EST TOUT LE MONDE.

Le visionneur	Le travailleur	L'innovateur	Le communiquant
....	....	....	....
L'analyste	Leader	Grincheux	Prof'
....	....	....	....
Joyeux	Retardataire	Pipelette	Le paranoïaque
....	....	....	....
Le schizoïde	L'histrionique	L'obsessionnel	Le narcissique
....	....	....	....
Le dépressif	Le dépendant	Le passif-agressif	L'évitant
....	....	....	....

Semaine 6

LE PARFAIT ÉDUC'
sait et aime
RELEVER DES DÉFIS

Lundi
Mime trois titres de chansons à un collègue

Mardi
Place le mot "abstème" en réunion d'équipe

Mercredi
Joue à ni oui ni non avec un collègue, le perdant fait à manger demain

Jeudi
Envoie un mail à ton chef de service pour lui dire que tu voudrais être un chat

Vendredi
Fais des étirements des pieds à la tête dans le bureau

Samedi
Fais cinq tours de rond point avec une personne en accompagnement

Qu'est ce qui t'a rendu heureux cette semaine ?

To do List

Le parfait éduc' !
Planifie sa semaine
FAIS AU MOINS SEMBLANT, ON SAIT QUE TU N'AS QUE ÇA À FAIRE

Lundi :
- ☐ ---------------------------------
- ☐ ---------------------------------
- ☐ ---------------------------------
- ☐ ---------------------------------
- ☐ ---------------------------------

Mardi :
- ☐ ---------------------------------
- ☐ ---------------------------------
- ☐ ---------------------------------
- ☐ ---------------------------------
- ☐ ---------------------------------

Mercredi :
- ☐ ---------------------------------
- ☐ ---------------------------------
- ☐ ---------------------------------
- ☐ ---------------------------------
- ☐ ---------------------------------

Jeudi :
- ☐ ---------------------------------
- ☐ ---------------------------------
- ☐ ---------------------------------
- ☐ ---------------------------------
- ☐ ---------------------------------

Vendredi :
- ☐ ---------------------------------
- ☐ ---------------------------------
- ☐ ---------------------------------
- ☐ ---------------------------------
- ☐ ---------------------------------

Samedi :
- ☐ ---------------------------------
- ☐ ---------------------------------
- ☐ ---------------------------------
- ☐ ---------------------------------
- ☐ ---------------------------------

Dimanche :
- ☐ ---------------------------------
- ☐ ---------------------------------
- ☐ ---------------------------------
- ☐ ---------------------------------
- ☐ ---------------------------------

BILAN

Heures supplémentaires

☹ 😐 🙂 😊 😄

− +

LE PARFAIT ÉDUC'
Prend des notes
en réunion
En résistant à la tentation de gribouiller

> **LE PARFAIT ÉDUC'**
> **TIENT À SON ÉQUIPE, IL EST LE PILIER DES INTÉRIMAIRES, CDD ET STAGIAIRES**
>
> ET TOI, QUEL EST LA DURÉE DE CONTRAT MOYENNE DANS TON ÉTABLISSEMENT ?

Parfait éduc' ne toucherait pas à ce dessin ...

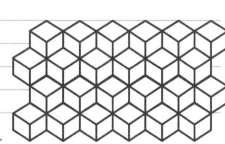

Le parfait éduc'
VERRAIT UN ÉVENTAIL ENVOÛTANT
QUAND TOI TU Y VOIS UN CASSE TÊTE HORRIBLE

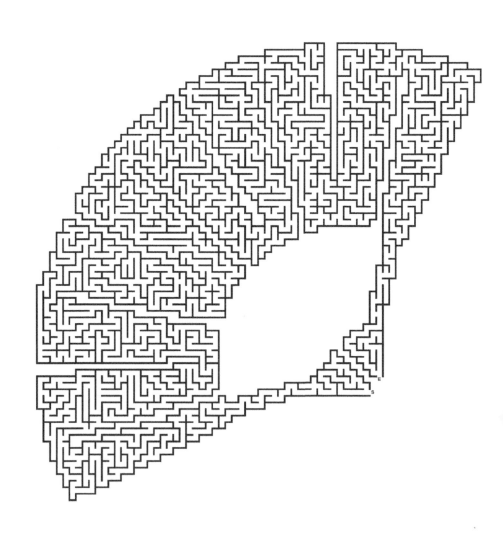

Semaine 7

LE PARFAIT ÉDUC'
sait et aime
RELEVER DES DÉFIS

Lundi
Chante ta chanson inavouable devant ton chef de service

Mardi
Place le mot "anatidaephobie" en réunion d'équipe

Mercredi
Joue à Jacques à dit pendant 10 minutes

Jeudi
Fais la chasse au gaspillage toute la journée auprès de toute l'institution

Vendredi
Fais une salutation au soleil en arrivant au travail

Samedi
Fais cinq tours de rond point avec une personne en accompagnement

Note quelque chose qu'on t'a dit d'agréable ou drôle cette semaine

To do List

Le parfait éduc'!
Planifie sa semaine
FAIS AU MOINS SEMBLANT, ON SAIT QUE TU N'AS QUE ÇA À FAIRE

Lundi :
- ☐ ------------------------------
- ☐ ------------------------------
- ☐ ------------------------------
- ☐ ------------------------------
- ☐ ------------------------------

Mardi :
- ☐ ------------------------------
- ☐ ------------------------------
- ☐ ------------------------------
- ☐ ------------------------------
- ☐ ------------------------------

Mercredi :
- ☐ ------------------------------
- ☐ ------------------------------
- ☐ ------------------------------
- ☐ ------------------------------
- ☐ ------------------------------

Jeudi :
- ☐ ------------------------------
- ☐ ------------------------------
- ☐ ------------------------------
- ☐ ------------------------------
- ☐ ------------------------------

Vendredi :
- ☐ ------------------------------
- ☐ ------------------------------
- ☐ ------------------------------
- ☐ ------------------------------
- ☐ ------------------------------

Samedi :
- ☐ ------------------------------
- ☐ ------------------------------
- ☐ ------------------------------
- ☐ ------------------------------
- ☐ ------------------------------

Dimanche :
- ☐ ------------------------------
- ☐ ------------------------------
- ☐ ------------------------------
- ☐ ------------------------------
- ☐ ------------------------------

BILAN

Heures supplémentaires

☹ 😐 😑 🙂 😊

LE PARFAIT ÉDUC'
Prend des notes en réunion
En résistant à la tentation de gribouiller

> **LE PARFAIT ÉDUC'**
> **NE FUME PAS, NE BOIT PAS**
> ET TOI ? ESPRIT SAIN DANS UN CORPS SAIN ?

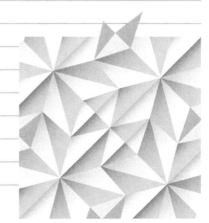

Parfait éduc' ne toucherait pas à ce dessin …

LE PARFAIT ÉDUC'

sait dessiner

JE VAIS CRÉER UN:

- ☐ Peinture traditionnelle
- ☐ Création digitale
- ☐ Sculpture
- ☐ Collage
- ☐ Autre: _____

JE VAIS M'INSPIRER DE:

(un artiste, un concept, une expérience personnelle, une autre culture, etc.)

_____

LES ÉLÉMENTS ET PRINCIPES QUE JE VAIS SOULIGNER SONT:

Encerclez 4 à 5 éléments de cette liste:

ligne	forme	couleur	sepace	variete
courbe	valeur	texture	unite	rythme
pattern	accentuation	equilibre	proportion	

VOICI UN PREMIER CROQUIS DE MON CHEF-D'ŒUVRE:

> *Le parfait éduc'!*
> **En plus de bosser il réussit à faire des pauses pipi**
> QUAND TOI TU COURS TOUTE LA JOURNÉE ET TE RENDS COMPTE UNE FOIS CHEZ TOI QUE TU N'AS PAS ÉTÉ AUX TOILETTES DE LA JOURNÉE

My Superpower is Pretending to Work

Semaine 8

LE PARFAIT ÉDUC'
sait et aime
RELEVER DES DÉFIS

Lundi
Ne parle pas aux collègues pendant 20 minutes consécutives

Mardi
Place le mot "vinculum" en réunion d'équipe

Mercredi
Construis et joue avec une cocotte en papier avec une personne accueillie

Jeudi
Surprends un collègue quand il s'y attend le moins

Vendredi
Viens au travail avec le tshirt à l'envers et les chaussettes sur le pantalon

Samedi
Fais cinq tours de rond point avec une personne en accompagnement

Raconte une anecdote

To do List

Le parfait éduc' !
Planifie sa semaine
FAIS AU MOINS SEMBLANT, ON SAIT QUE TU N'AS QUE ÇA À FAIRE

Lundi :
- ☐ ------------------------------
- ☐ ------------------------------
- ☐ ------------------------------
- ☐ ------------------------------
- ☐ ------------------------------

Mardi :
- ☐ ------------------------------
- ☐ ------------------------------
- ☐ ------------------------------
- ☐ ------------------------------
- ☐ ------------------------------

Mercredi :
- ☐ ------------------------------
- ☐ ------------------------------
- ☐ ------------------------------
- ☐ ------------------------------
- ☐ ------------------------------

Jeudi :
- ☐ ------------------------------
- ☐ ------------------------------
- ☐ ------------------------------
- ☐ ------------------------------
- ☐ ------------------------------

Vendredi :
- ☐ ------------------------------
- ☐ ------------------------------
- ☐ ------------------------------
- ☐ ------------------------------
- ☐ ------------------------------

Samedi :
- ☐ ------------------------------
- ☐ ------------------------------
- ☐ ------------------------------
- ☐ ------------------------------
- ☐ ------------------------------

Dimanche :
- ☐ ------------------------------
- ☐ ------------------------------
- ☐ ------------------------------
- ☐ ------------------------------
- ☐ ------------------------------

BILAN

Heures supplémentaires

LE PARFAIT ÉDUC'
Prend des notes
en réunion
En résistant à la tentation de gribouiller

LE PARFAIT ÉDUC'
N'A PAS DE TV

MAIS TOI, SI, BALANCE L'ÉMISSION QUE TU AS HONTE DE REGARDER

....

Parfait éduc' ne toucherait pas à ce dessin ...

Le parfait éduc'
N'A PAS DE LUNETTES

IL VOIT EN UN COUP D'OEIL LA FLÈCHE DE DÉBUT

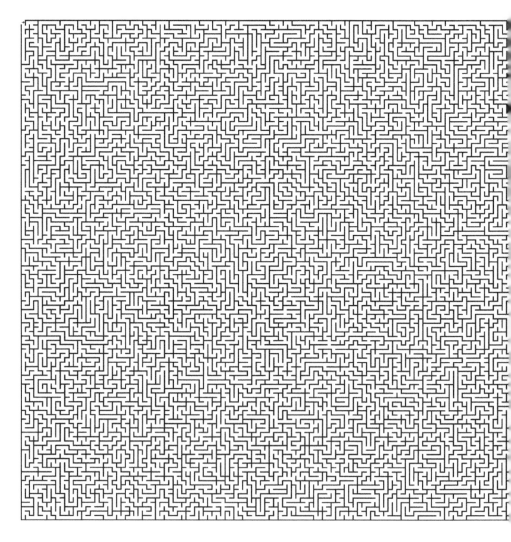

> *Le parfait éduc'!*
> **Ne remplirait pas ce mandala en réunion**
> IL ATTENDRAIT D'ÊTRE CHEZ LUI PARCE QU'IL SAIT RESTER PROFESSIONNEL

LE PARFAIT ÉDUC'
sait et aime
RELEVER DES DÉFIS

Lundi
Dis "merci" à absolument toutes les questions qu'on vous posera pendant 30min

Mardi
Place le mot "cucurbitaciste" en réunion d'équipe

Mercredi
Fais une compétition d'avions en papier

Jeudi
Fais une distribution de bonbons dans tout l'établissement

Vendredi
Fais une photo de groupe entre collègues

Samedi
Fais cinq tours de rond point avec une personne en accompagnement

Quel a été le moment bonheur de cette semaine ?

To do List

Le parfait éduc' !
Planifie sa semaine
FAIS AU MOINS SEMBLANT, ON SAIT QUE TU N'AS QUE ÇA À FAIRE

Lundi :
- ☐ ....
- ☐ ....
- ☐ ....
- ☐ ....
- ☐ ....

Mardi :
- ☐ ....
- ☐ ....
- ☐ ....
- ☐ ....
- ☐ ....

Mercredi :
- ☐ ....
- ☐ ....
- ☐ ....
- ☐ ....
- ☐ ....

Jeudi :
- ☐ ....
- ☐ ....
- ☐ ....
- ☐ ....
- ☐ ....

Vendredi :
- ☐ ....
- ☐ ....
- ☐ ....
- ☐ ....
- ☐ ....

Samedi :
- ☐ ....
- ☐ ....
- ☐ ....
- ☐ ....
- ☐ ....

Dimanche :
- ☐ ....
- ☐ ....
- ☐ ....
- ☐ ....
- ☐ ....

BILAN

Heures supplémentaires

LE PARFAIT ÉDUC'
Prend des notes
en réunion
En résistant à la tentation de gribouiller

> **LE PARFAIT ÉDUC'**
> **SAIT RÉPONDRE À LA QUESTION SPÉCIALISÉ DANS QUOI?**
>
> ET TOI, TU RÉPONDS QUOI À CETTE QUESTION ?
> ....

Parfait éduc' ne toucherait pas à ce dessin ...

Le parfait éduc'

SERAIT HEUREUX DE FAIRE CE JEU

Des formes en bonne et due forme

La rotation, la réflexion et la translation peuvent sembler compliquées, mais la vérité est que ce ne sont que des formes en mouvement.

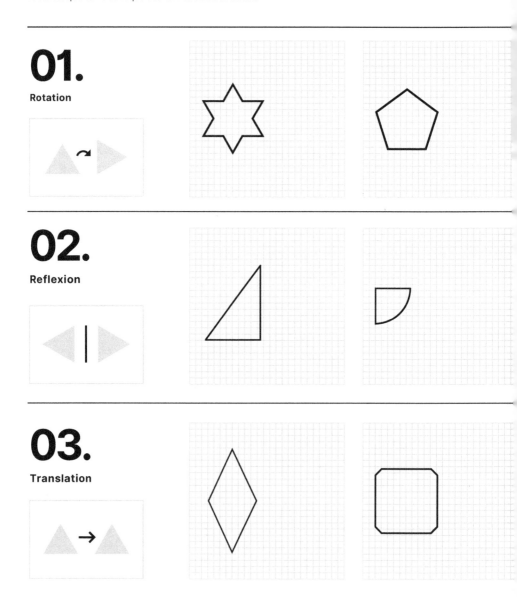

01.
Rotation

02.
Reflexion

03.
Translation

Semaine 10

LE PARFAIT ÉDUC'
sait et aime
RELEVER DES DÉFIS

Lundi
Change la vitesse du pointeur de la souris d'un collègue

Mardi
Place le mot "Abhorrer" en réunion d'équipe

Mercredi
Joue aux mîmes avec les personnes accueillies

Jeudi
Colle trois post-it avec un message dans chaque bureaux

Vendredi
Attache la chaise au bureau d'un collègue avec du film plastique

Samedi
Fais cinq tours de rond point avec une personne en accompagnement

Quel est l'objectif de la semaine ?

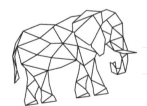

To do List

Le parfait éduc' !
Planifie sa semaine
FAIS AU MOINS SEMBLANT, ON SAIT QUE TU N'AS QUE ÇA À FAIRE

Lundi :
- ☐ ....
- ☐ ....
- ☐ ....
- ☐ ....
- ☐ ....
- ☐ ....

Mardi :
- ☐ ....
- ☐ ....
- ☐ ....
- ☐ ....
- ☐ ....
- ☐ ....

Mercredi :
- ☐ ....
- ☐ ....
- ☐ ....
- ☐ ....
- ☐ ....
- ☐ ....

Jeudi :
- ☐ ....
- ☐ ....
- ☐ ....
- ☐ ....
- ☐ ....
- ☐ ....

Vendredi :
- ☐ ....
- ☐ ....
- ☐ ....
- ☐ ....
- ☐ ....
- ☐ ....

Samedi :
- ☐ ....
- ☐ ....
- ☐ ....
- ☐ ....
- ☐ ....
- ☐ ....

Dimanche :
- ☐ ....
- ☐ ....
- ☐ ....
- ☐ ....
- ☐ ....

BILAN

Heures supplémentaires

LE PARFAIT ÉDUC'
Prend des notes en réunion
En résistant à la tentation de gribouiller

> **LE PARFAIT ÉDUC' A TOUJOURS 1000 PROJETS EN TÊTE ET LES RÉALISERA TOUS**
>
> QUEL EST TON GRAND PROJET ?

Parfait éduc' ne toucherait pas à ce dessin ...

NOM : Parfait éduc'   ou pas...

REPÉRE LES DIFFÉRENCES
FEUILLE DE COLORIAGE

Semaine 11

LE PARFAIT ÉDUC'
sait et aime
RELEVER DES DÉFIS

Lundi
Chante en canon la chanson "frère jacques"

Mardi
Place le mot "inextinguible" en réunion d'équipe

Mercredi
Fais un puzzle

Jeudi
Dépose la recette de ton cocktail préféré sur le bureau d'un collègue

Vendredi
Appele un collègue au téléphone demandant de parler à "Curly", parce que, si t'as pas d'amis...

Samedi
Fais cinq tours de rond point avec une personne en accompagnement

Quelle phrase t'a fait rire cette semaine ?
_____

To do List

Le parfait éduc' !
Planifie sa semaine
FAIS AU MOINS SEMBLANT, ON SAIT QUE TU N'AS QUE ÇA À FAIRE

Lundi :
- ☐ ------------------------------
- ☐ ------------------------------
- ☐ ------------------------------
- ☐ ------------------------------
- ☐ ------------------------------

Mardi :
- ☐ ------------------------------
- ☐ ------------------------------
- ☐ ------------------------------
- ☐ ------------------------------
- ☐ ------------------------------

Mercredi :
- ☐ ------------------------------
- ☐ ------------------------------
- ☐ ------------------------------
- ☐ ------------------------------
- ☐ ------------------------------

Jeudi :
- ☐ ------------------------------
- ☐ ------------------------------
- ☐ ------------------------------
- ☐ ------------------------------
- ☐ ------------------------------

Vendredi :
- ☐ ------------------------------
- ☐ ------------------------------
- ☐ ------------------------------
- ☐ ------------------------------
- ☐ ------------------------------

Samedi :
- ☐ ------------------------------
- ☐ ------------------------------
- ☐ ------------------------------
- ☐ ------------------------------
- ☐ ------------------------------

Dimanche :
- ☐ ------------------------------
- ☐ ------------------------------
- ☐ ------------------------------
- ☐ ------------------------------
- ☐ ------------------------------

BILAN

Heures supplémentaires

LE PARFAIT ÉDUC'

Prend des notes en réunion

En résistant à la tentation de gribouiller

LE PARFAIT ÉDUC'
GARDE TOUJOURS SON SANG FROID

TU AS CRAQUÉ COMBIEN DE FOIS AUJOURD'HUI?

Parfait éduc' ne toucherait pas à ce dessin ...

Motivation est le maître mot
Challenge sport du parfait éduc

01	02	03
5 Minutes Cardio	Strength Training	Functional Training

04	05	06
5 Minutes Cardio	5 Minutes Yoga	5 Minutes Cardio

07	08	09
Strength Training	Functional Training	5 Minutes Cardio

Semaine 12

LE PARFAIT ÉDUC'
sait et aime
RELEVER DES DÉFIS

Lundi
Accroche des ballons de baudruche dans le bureau des éducs

Mardi
Place le mot "capillotracté" en réunion d'équipe

Mercredi
Joue à colin maillard avec ton équipe

Jeudi
Apporte le petit déjeuner pour l'équipe

Vendredi
Mets des gommettes dans tout le bureau de ton collègue

Samedi
Fais cinq tours de rond point avec une personne en accompagnement

Donne une note à ta semaine et tes critères

To do List

Le parfait éduc' !
Planifie sa semaine
FAIS AU MOINS SEMBLANT, ON SAIT QUE TU N'AS QUE ÇA À FAIRE

Lundi :
- ☐ ------------------------------
- ☐ ------------------------------
- ☐ ------------------------------
- ☐ ------------------------------
- ☐ ------------------------------
- ☐ ------------------------------

Mardi :
- ☐ ------------------------------
- ☐ ------------------------------
- ☐ ------------------------------
- ☐ ------------------------------
- ☐ ------------------------------
- ☐ ------------------------------

Mercredi :
- ☐ ------------------------------
- ☐ ------------------------------
- ☐ ------------------------------
- ☐ ------------------------------
- ☐ ------------------------------
- ☐ ------------------------------

Jeudi :
- ☐ ------------------------------
- ☐ ------------------------------
- ☐ ------------------------------
- ☐ ------------------------------
- ☐ ------------------------------
- ☐ ------------------------------

Vendredi :
- ☐ ------------------------------
- ☐ ------------------------------
- ☐ ------------------------------
- ☐ ------------------------------
- ☐ ------------------------------
- ☐ ------------------------------

Samedi :
- ☐ ------------------------------
- ☐ ------------------------------
- ☐ ------------------------------
- ☐ ------------------------------
- ☐ ------------------------------
- ☐ ------------------------------

Dimanche :
- ☐ ------------------------------
- ☐ ------------------------------
- ☐ ------------------------------
- ☐ ------------------------------
- ☐ ------------------------------
- ☐ ------------------------------

BILAN

Heures supplémentaires

LE PARFAIT ÉDUC'
Prend des notes
en réunion
En résistant à la tentation de gribouiller

Le parfait éduc' ne toucherait pas à ce dessin ...

LE PARFAIT ÉDUC'
sait qui il est
ET EN EST FIER

ET TOI QUI ES TU ?

Utilise l'espace ci-dessous pour dessiner un autoportrait. Sur le côté gauche, dessine ton apparence à l'extérieur. Sur le côté droit, dessine tes jouets, animaux, aliments ou jeux préférés. Colorie ta création lorsque tu as terminé!

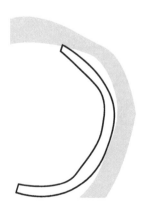

> *Le parfait éduc'!*
> **A fait de cette phrase son mantra**
> ET PLUS ENCORE, IL APPREND DE SA PRATIQUE EN SE PLONGEANT DANS LES LIVRES À CHAQUE TEMPS LIBRE

KNOWLEDGE is a TREASURE But PRACTICE is the KEY TO IT

Semaine 13

LE PARFAIT ÉDUC'
sait et aime
RELEVER DES DÉFIS

Lundi
Viens au travail avec un accessoire de déguisement

Mardi
Dis dix fois le mot "ennui"

Mercredi
Joue au morpion avec des collègues

Jeudi
Fais toi faire un massage de tête

Vendredi
Fais 10 abdos et 10 squatts

Samedi
Fais cinq tours de rond point avec une personne en accompagnement

Qu'est ce qui te motive le plus dans ton travail ?

To do List

Le parfait éduc'! Planifie sa semaine
FAIS AU MOINS SEMBLANT, ON SAIT QUE TU N'AS QUE ÇA À FAIRE

Lundi :
- ☐ ---------------------------
- ☐ ---------------------------
- ☐ ---------------------------
- ☐ ---------------------------
- ☐ ---------------------------

Mardi :
- ☐ ---------------------------
- ☐ ---------------------------
- ☐ ---------------------------
- ☐ ---------------------------
- ☐ ---------------------------

Mercredi :
- ☐ ---------------------------
- ☐ ---------------------------
- ☐ ---------------------------
- ☐ ---------------------------
- ☐ ---------------------------

Jeudi :
- ☐ ---------------------------
- ☐ ---------------------------
- ☐ ---------------------------
- ☐ ---------------------------
- ☐ ---------------------------

Vendredi :
- ☐ ---------------------------
- ☐ ---------------------------
- ☐ ---------------------------
- ☐ ---------------------------
- ☐ ---------------------------

Samedi :
- ☐ ---------------------------
- ☐ ---------------------------
- ☐ ---------------------------
- ☐ ---------------------------
- ☐ ---------------------------

Dimanche :
- ☐ ---------------------------
- ☐ ---------------------------
- ☐ ---------------------------
- ☐ ---------------------------
- ☐ ---------------------------

BILAN

Heures supplémentaires

☹ 😐 🙂 😊 😄

LE PARFAIT ÉDUC'
Prend des notes
en réunion
En résistant à la tentation de gribouiller

Parfait éduc' ne toucherait pas à ce dessin ...

Le parfait éduc' _____ écoute la musique _____ et connait toutes les paroles _____

Playlist ultime pour gérer nos émotions

Crée la playlist parfaite à écouter selon tes humeurs

Divertissement	Une chanson qui reste coincée dans votre tête lorsque vous l'entendez.	Une chanson dont vous connaissez tous les mots.	Votre chanson préférée d'un film.
renaissance	Une chanson qui représente la liberté	Une chanson que vous écoutez pour vous endormir.	Une chanson qui vous fait vous sentir bien
Forte sensation	Une chanson qui vous rappelle un bon souvenir.	Une chanson qui vous rappelle quelqu'un qui vous tient à cœur	Une chanson qui vous rappelle quelqu'un qui se soucie de vous
Diversion	Une chanson qui vous fait vous sentir en sécurité.	Une chanson que vous trouvez inspirante.	Votre chanson de positivité.
Rejeter	Une chanson qui correspond à votre sentiment lorsque vous vous sentez anxieux ou inquiet.	Une chanson qui correspond à votre sentiment lorsque vous vous sentez ennuyé ou en colère.	Une chanson qui correspond à votre sentiment lorsque vous vous sentez triste ou effrayé.

Semaine 14

LE PARFAIT ÉDUC'
sait et aime
RELEVER DES DÉFIS

Lundi
Raconte trois blagues aujourd'hui

Mardi
Place le mot "lémurien" en réunion d'équipe

Mercredi
Joue au petit bac avec toute votre équipe

Jeudi
Raconte une histoire de dingue et pars avant d'arriver à la fin

Vendredi
Fais le tour du bureau les yeux bandés

Samedi
Fais cinq tours de rond point avec une personne en accompagnement

Que retiens tu de cette semaine passée ?

To do List

Le parfait éduc' !
Planifie sa semaine
FAIS AU MOINS SEMBLANT, ON SAIT QUE TU N'AS QUE ÇA À FAIRE

Lundi :
- ☐ -----------------------------
- ☐ -----------------------------
- ☐ -----------------------------
- ☐ -----------------------------
- ☐ -----------------------------

Mardi :
- ☐ -----------------------------
- ☐ -----------------------------
- ☐ -----------------------------
- ☐ -----------------------------
- ☐ -----------------------------

Mercredi :
- ☐ -----------------------------
- ☐ -----------------------------
- ☐ -----------------------------
- ☐ -----------------------------
- ☐ -----------------------------

Jeudi :
- ☐ -----------------------------
- ☐ -----------------------------
- ☐ -----------------------------
- ☐ -----------------------------
- ☐ -----------------------------

Vendredi :
- ☐ -----------------------------
- ☐ -----------------------------
- ☐ -----------------------------
- ☐ -----------------------------
- ☐ -----------------------------

Samedi :
- ☐ -----------------------------
- ☐ -----------------------------
- ☐ -----------------------------
- ☐ -----------------------------
- ☐ -----------------------------

Dimanche :
- ☐ -----------------------------
- ☐ -----------------------------
- ☐ -----------------------------
- ☐ -----------------------------
- ☐ -----------------------------

BILAN

Heures supplémentaires

LE PARFAIT ÉDUC'
Prend des notes
en réunion
En résistant à la tentation de gribouiller

LE PARFAIT ÉDUC' A UN CÔTÉ BISOUNOURS EXACERBÉ

QU'EST CE QUI T'A LAISSÉ BOUCHE BÉE CES DERNIERS JOURS DANS TON TRAVAIL ?

Parfait éduc' ne toucherait pas à ce dessin ...

Le parfait éduc' sait tout sur tout

SAURAS TU L'ÉGALER ?

Quel est le sens ?

Trace une ligne entre les colonnes pour faire correspondre le mot et sa signification.

compliqué	quand tu es loin du mal ou du danger
équilibrer	regarder ou vérifier quelque chose avec soin et de près
recueillir	quelque chose qui est difficile à faire ou à comprendre
examiner	rassembler les choses quand elles sont dispersées
sécurité	stabiliser quelque chose pour que cela ne tombe pas

Le parfait éduc'!
Sait inventer son accompagner en télétravail

DERRIÈRE SA WEBCAM IL S'ATTÉLE À COLORIER, PARCE QUE L'ART PERMET DE SE CONCENTRER

Semaine 15

LE PARFAIT ÉDUC'
sait et aime
RELEVER DES DÉFIS

Lundi
Construis des bateaux en papier pour toute l'équipe

Mardi
Dire cinq fois le mot "surmenage" en réunion d'équipe

Mercredi
Joue à chat perché dans le bureau des éducs

Jeudi
Cache les objets indispensables au travail

Vendredi
Inverse les politesses Pardon/Merci ; Bonjour/Aurevoir

Samedi
Fais cinq tours de rond point avec une personne en accompagnement

Quelle est l'émotion qui résume le mieux ta semaine ?

To do List

Le parfait éduc' !
Planifie sa semaine
FAIS AU MOINS SEMBLANT, ON SAIT QUE TU N'AS QUE ÇA À FAIRE

Lundi :
- ☐ ------------------------------
- ☐ ------------------------------
- ☐ ------------------------------
- ☐ ------------------------------
- ☐ ------------------------------

Mardi :
- ☐ ------------------------------
- ☐ ------------------------------
- ☐ ------------------------------
- ☐ ------------------------------
- ☐ ------------------------------

Mercredi :
- ☐ ------------------------------
- ☐ ------------------------------
- ☐ ------------------------------
- ☐ ------------------------------
- ☐ ------------------------------

Jeudi :
- ☐ ------------------------------
- ☐ ------------------------------
- ☐ ------------------------------
- ☐ ------------------------------
- ☐ ------------------------------

Vendredi :
- ☐ ------------------------------
- ☐ ------------------------------
- ☐ ------------------------------
- ☐ ------------------------------
- ☐ ------------------------------

Samedi :
- ☐ ------------------------------
- ☐ ------------------------------
- ☐ ------------------------------
- ☐ ------------------------------
- ☐ ------------------------------

Dimanche :
- ☐ ------------------------------
- ☐ ------------------------------
- ☐ ------------------------------
- ☐ ------------------------------
- ☐ ------------------------------

BILAN

Heures supplémentaires

😠 😐 🙂 😊 😄

− +

LE PARFAIT ÉDUC'
Prend des notes
en réunion
En résistant à la tentation de gribouiller

> **LE PARFAIT ÉDUC' EST ÉCOLO ET VÉGAN**
>
> VOUS ETES COMBIEN DANS VOTRE ÉQUIPE À ÊTRE AUSSI PARFAIT ?

Parfait éduc' ne toucherait pas à ce dessin ...

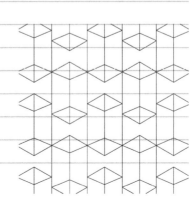

Le Bingo de la Confiance en Soi

MAÎTRISER UNE NOUVELLE COMPÉTENCE	SE DÉBARRASSER DES PERSONNES NÉGATIVES	SORTIR DE SA ZONE DE CONFORT	FAIRE SOUVENT QUELQUE CHOSE DE CRÉATIF	S'AFFIRMER SOUVENT
EXPRIMER SES SENTIMENTS	ACCEPTER LES ÉCHECS COMME FAISANT PARTIE INTÉGRANTE DE L'ÉPANOUISSEMENT DE SOI	AFFRONTER SES PEURS	BIEN GÉRER SON TEMPS	PRENDRE DU TEMPS POUR SE REPOSER
FAIRE SOUVENT DU SPORT	TROUVER DE NOUVEAUX PASSE-TEMPS	Tu es LE parfait éducateur	VIVRE HUMBLEMENT	ÊTRE INDULGENT AVEC SOI-MÊME
TENIR PAROLE	SE SOUVENIR QUE CHACUN SE SUFFIT À SOI-MÊME	S'AIMER PLUS QUE LES AUTRES NE LE FERONT	RÊVER EN GRAND ET RÉALISER SES RÊVES	DÉPASSER SES CROYANCES LIMITANTES
AIDER QUELQU'UN	ARRÊTER DE SE SOUCIER DE CE QUE LES AUTRES PENSENT	FAIRE LA PAIX AVEC SON PASSÉ	LIRE UN LIVRE QUI MOTIVE	RÉCLAMER L'INTÉGRITÉ

mes sentiments en émoji :

HUMEUR DU MOMENT :

ÉMOJI QUE J'UTILISE BEAUCOUP :

QUAND JE SUIS SPEED

ÉMOJI QUI ME RESSEMBLE :

QUAND JE SUIS FATIGUÉE

Parce que le parfait éduc' est voué à rester dans l'établissement où il travaille ad vitam æternam. Il ne sera jamais touché par la colère, ni par la fatigue, ni par l'épuisement, la violence, les désillusions, la maltraitance. Non, lui il est et il restera.

PENDANT QUE L'ÉQUIPE SE DÉLITE, SE RENOUVELLE, EST EN PERPETUELLE MOUVEMENT.

Inscris le nom de tous tes collègues
Actuellement en poste Et si vraiment tu t'ennuies rappelle toi de ce qui ne sont plus

Avant dernière chose

L'HEURE DES VÉRITÉS A SONNÉ
IL EST TEMPS DE TOUT AVOUER

Le parfait éduc' est honnête
Au moins avec lui même

AS TU RÉALISÉ TOUS LES DÉFIS ?

- A. Oui
- B. Non

Tu as réussi à en faire combien ?

FAIS LA LISTE DES MOTS QUE TU AS DÛ CHERCHER SUR GOOGLE

-
-
-
-
-
-

AS TU RÉUSSI TOUS LES JEUX ? ON VEUT LA VÉRITÉ

- A. Oui
- B. Non

AS TU FAIS TOUS LES CHALLENGES SPORTIFS ?

- A. Oui
- B. Non

FAIS LA LISTE DE TOUS TES COLLÈGUES QUI NE DOIVENT JAMAIS TOMBER SUR CE CARNET

-
-
-
-
-

TU ES CONVAINCU D'ÊTRE UN PARFAIT ÉDUC' MAINTENANT ?

- A. Oui
- B. Non

On a dit toute la vérité, rien que la vérité !

Si tu as répondu OUI à toutes les questions :
Tu es un éduc' parfaitement discipliné. Bravo
Il te reste encore du boulot pour devenir parfait en tout point, parce qu'être éduc' c'est sortir du cadre.

Dernière chose

**LE PARFAIT ÉDUC'
A LU LE LIVRE**

"C'est qui demain ?"
Tumultes ordinaires en éducation spécialisée"
écrit par Ingrid Romane

Il est LE livre parfait pour un éduc' imparfaitement super

Maintenant il est temps de se le dire. Le parfait éduc' n'existe pas (et heureusement). Alors n'essayons pas de l'égaler, soyons juste nous, de supers éducs'
Passionnés, déjantés, acharnés.

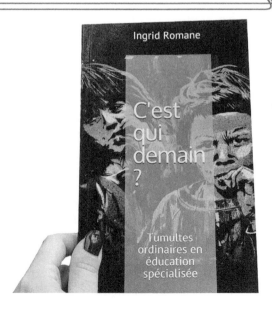

Dans la même collection

LE CARNET DE LA PARFAITE ÉDUC'

A paraître bientôt

Le carnet de la Parfaite AS
Le carnet de la Parfaite CESF
Le carnet de la Parfaite TISF
Le carnet de la Parfaite ASFAM
Le carnet de la Parfaite ME
Le carnet de la Parfaite AESH
Le carnet de la Parfaite AES
Le carnet de la Parfaite EJE

Écrits par Ingrid Romane

Mentions légales © 2021 Ingrid Romane
Plume d'éduc édition
Tous droits réservés

Pour me contacter :
ingrid.romane.contact@gmail.com

Aucune partie de ce livre ne peut être reproduite, stockée dans un système de récupération, ou transmise sous quelque forme que ce soit ou par quelque moyen que ce soit, électronique, technique, photocopieuse, enregistrement ou autre, sans autorisation écrite expresse de l'éditeur.

ISBN-13 : 9798530729362

Concepteur de la couverture : Ingrid Romane
Design libre de droit.

Printed in France by Amazon
Brétigny-sur-Orge, FR